Impressum
Verlag: BABADADA GmbH, Nedderfeld 112 , 22529 Hamburg
Geschäftsführer / Verlagsleitung: Harald Hof
Druck: Books on Demand GmbH, In de Tarpen 42, 22848 Norderstedt

Imprint
Publisher: BABADADA GmbH, Nedderfeld 112 , 22529 Hamburg, Germany
Managing Director / Publishing direction: Harald Hof
Print: Books on Demand GmbH, In de Tarpen 42, 22848 Norderstedt

koulu
scol

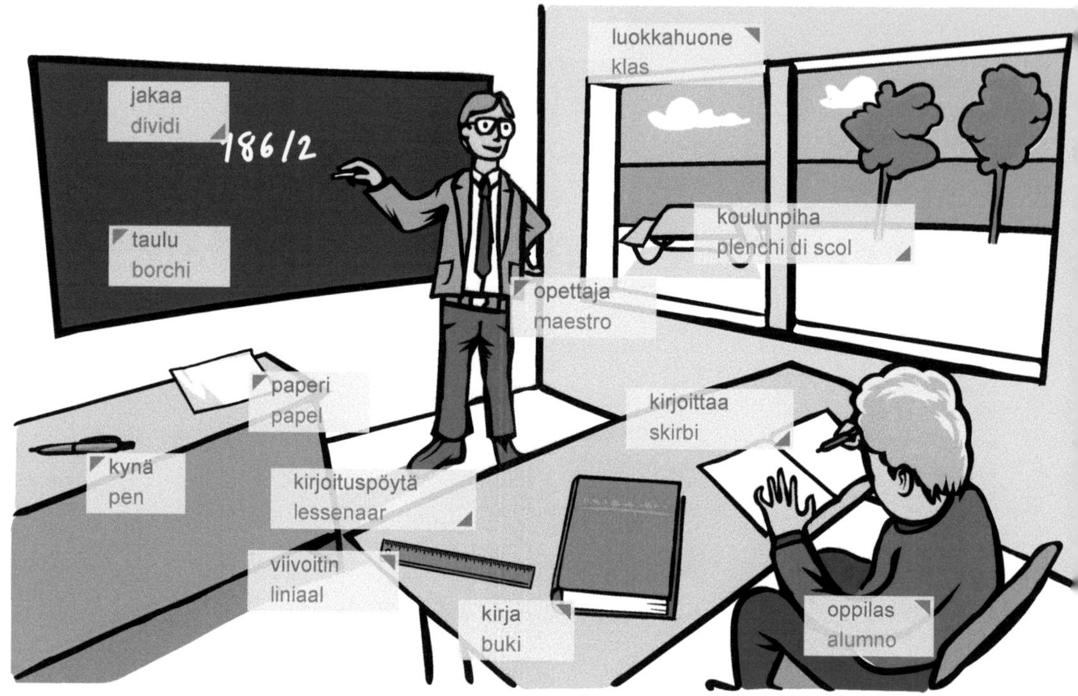

luokkahuone
klas
jakaa
dividi
186/2
taulu
borchi
koulunpiha
plenchi di scol
opettaja
maestro
paperi
papel
kirjoittaa
skirbi
kynä
pen
kirjoituspöytä
lessenaar
viivoitin
liniaal
kirja
buki
oppilas
alumno

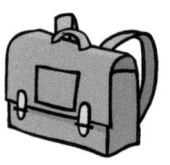

reppu
tas di scol

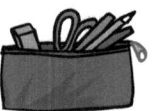

penaali
etui

lyijykynä
potlood

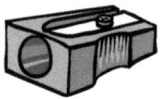

kynänteroitin
slijper

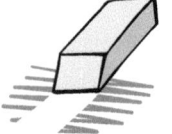

pyyhekumi
gum

piirustuslehtiö
buki di pinta

piirustus

pintura

pensseli

cuashi

vesivärit

caha di verf

sakset

sker

liima

lijm

harjoituskirja

schrift

kotitehtävä

huiswerk

12

luku

number

2+2

lisätä

suma

5-2

vähentää

kita

2×2

kertoa

multiplica

laskea

conta

A

kirjain

letter

ABCDEFG
HIJKLMN
OPQRSTU
VWXYZ

aakkoset

alfabet

hello

sana

palabra

teksti

texto

lukea

lesa

liitu

krijt

oppitunti

les

opettajan muistikirja

klassenboek

koe

examen

todistus

diploma

koulupuku

uniform di scol

koulutus

estudio

sanakirja

enciclopedia

yliopisto

universidad

mikroskooppi

microscop

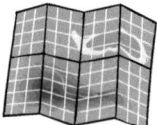

kartta

mapa

roskakori

bari di sushi

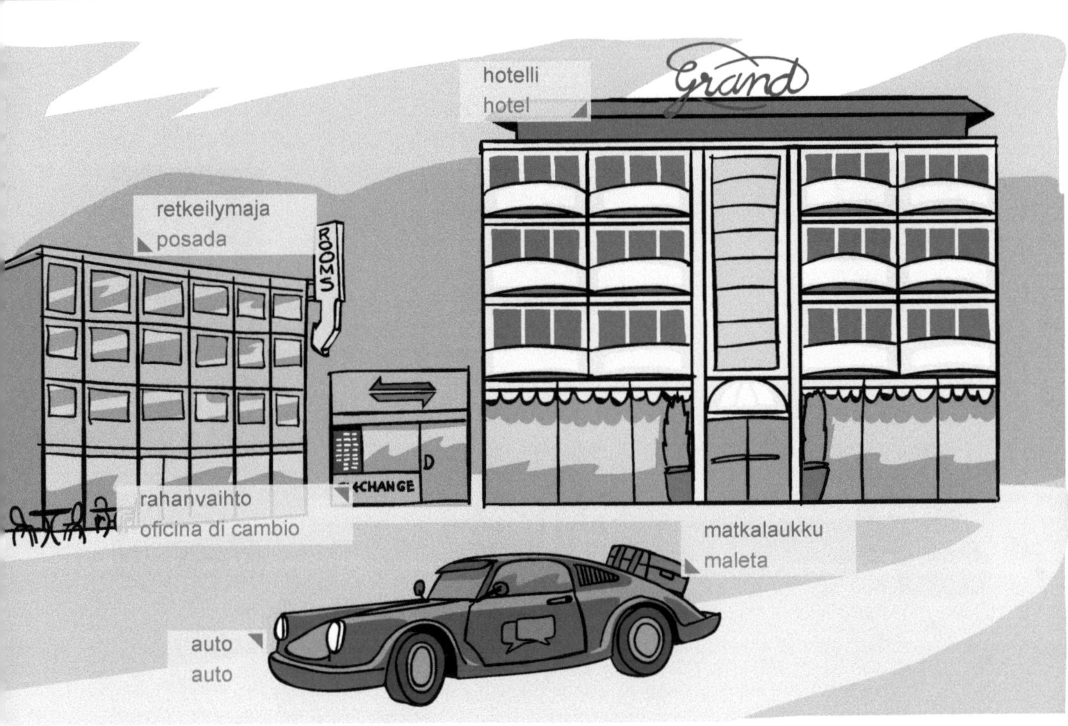
hotelli
hotel
Grand
retkeilymaja
posada
ROOMS
EXCHANGE
rahanvaihto
oficina di cambio
matkalaukku
maleta
auto
auto

kieli

idioma

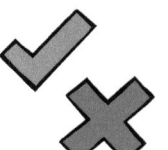

kyllä / ei

si / no

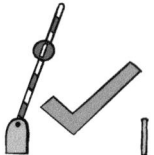

selvä

bon

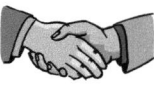

hei

hallo

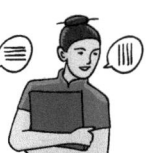

tulkki

tolk

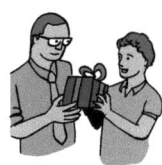

kiitos

masha danki

Paljonko...maksaa?

Cuanto esaki ta costa?

en ymmärrä

Mi no ta compronde

ongelma

problema

Hyvää iltaa!

bon nochi

Hyvää huomenta!

Bon dia!

Hyvää yötä!

Bon nochi!

näkemiin

ayo

suunta

direccion

matkatavarat

maleta

laukku

handbag

reppu

rugtas

vieras

huesped

huone

camber

makuupussi

slaapzak

teltta

tent

turisti-info

informacion pa turista

ranta

lama

luottokortti

credit card

aamupala

desayuno

lounas

cuminda di merdia

päivällinen

cuminda di anochi

matkalippu

carchi

hissi

cabe'i boto

postimerkki

stampia

raja

grens

tulli

duana

suurlähetystö

embahada

viisumi

visa

passi

paspoort

kuljetus
transport

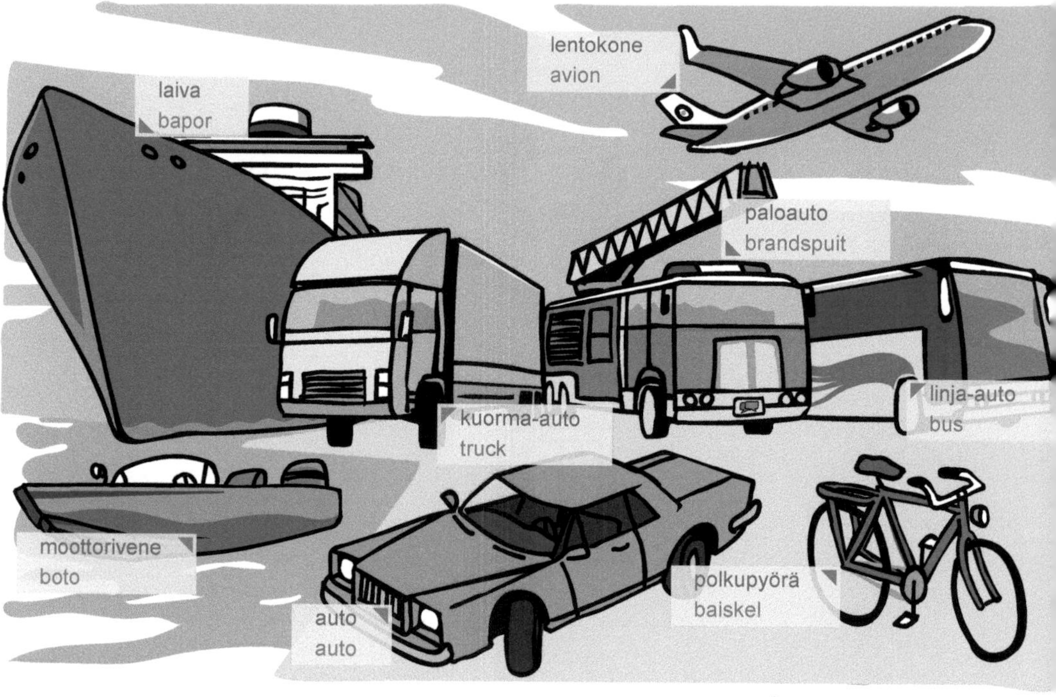
lentokone
avion
laiva
bapor
paloauto
brandspuit
linja-auto
bus
kuorma-auto
truck
moottorivene
boto
polkupyörä
baiskel
auto
auto

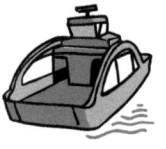

lautta

ferry

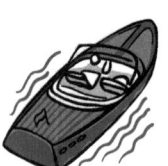

vene

boto

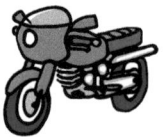

moottoripyörä

brommer

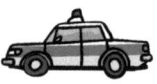

poliisiauto

auto di polis

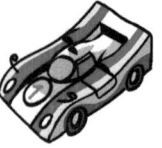

kilpa-auto

auto di careda

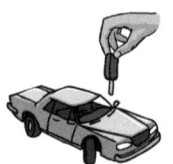

vuokra-auto

auto di huur

car sharing

car sharing

hinausauto

takelwagen

roska-auto

dump truck

moottori

motor

polttoaine

gasolin

huoltoasema

pomp di gasolin

liikennemerkki

borchi di trafico

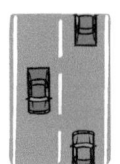

liikenne

trafico

ruuhka

fila

parkkipaikka

parkeerplaats

rautatieasema

stacion di trein

raiteet

riel

juna

trein

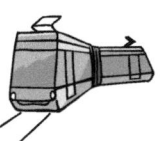

raitiovaunu

tram

vaunu

wagon

helikopteri

helicopter

lentokenttä

aeropuerto

lähilennonjohto

toren

matkustaja

pasahero

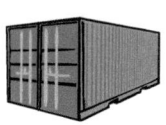

kontti

container

pahvilaatikko

caha di carton

kärryt

garoshi

kori

macutu

nousta / laskea

lanta / baha

kaupunki
ciudad

kylä

pueblo

keskusta

centro di ciudad

talo

cas

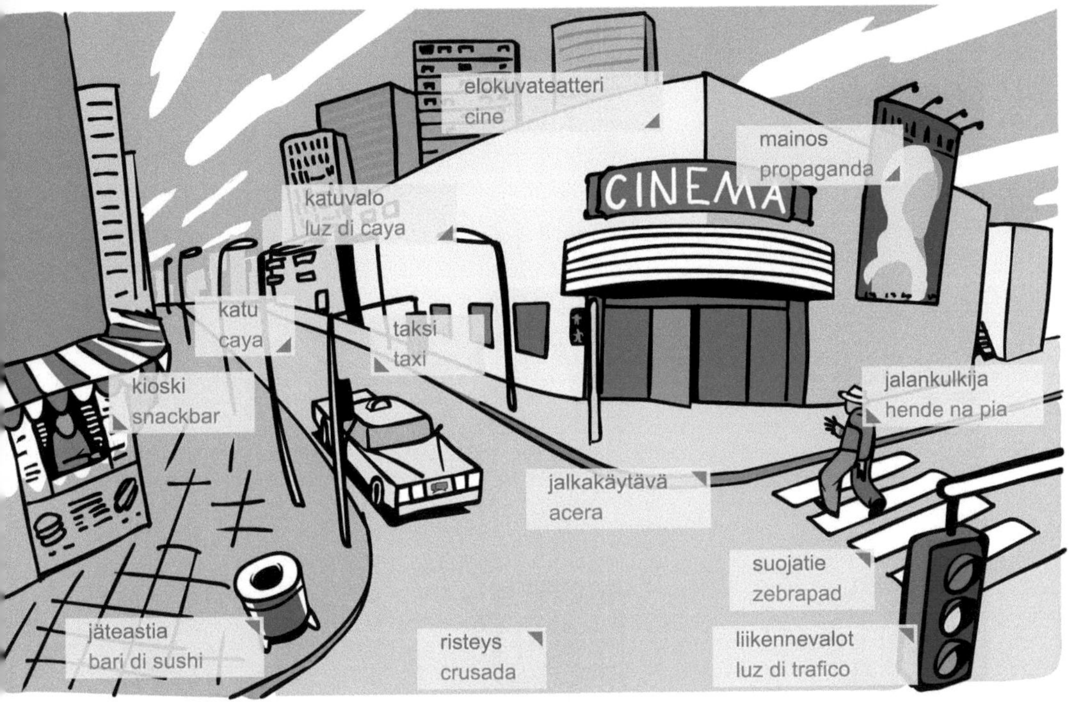

elokuvateatteri
cine

mainos
propaganda

katuvalo
luz di caya

CINEMA

katu
caya

taksi
taxi

jalankulkija
hende na pia

kioski
snackbar

jalkakäytävä
acera

suojatie
zebrapad

jäteastia
bari di sushi

risteys
crusada

liikennevalot
luz di trafico

mökki

hut

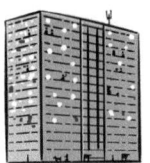

kerrostalo

flat

rautatieasema

stacion di trein

kaupungintalo

stadhuis

museo

museo

koulu

scol

kaupunki - ciudad

11

yliopisto

universidad

pankki

banco

sairaala

hospital

hotelli

hotel

apteekki

botica

toimisto

oficina

kirjakauppa

boekhandel

liike

tienda

kukkakauppa

floresteria

supermarketti

supermarket

tori

mercado

tavaratalo

department store

kalakauppias

bendedo di pisca

ostoskeskus

shopping center

satama

haf

puisto

park

penkki

banki

silta

brug

portaat

trapi

metro

metro

tunneli

tunnel

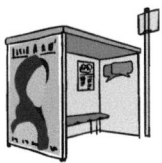

linja-autopysäkki

parada di bus

baari

bar

ravintola

restaurant

postilaatikko

postbox

katukyltti

borchi di nomber di caya

parkkimittari

parkeermeter

eläintarha

parke di bestia

uimala

piscina

moskeija

moskee

maatila
cunucu

ympäristön saastuminen
polucion

hautausmaa
santana

kirkko
misa

leikkikenttä
speelplaats

temppeli
tempel

maisema
paisahe

lehti
blachi

tienviitta
borchi di direccion

tie
caminda

niitty
sabana

kivi
piedra

retkeilijä
keirodo

puu
palo

joki
riu

ruoho
yerba

kukka
flor

laakso

vallei

vuori

sero

järvi

lago

metsä

mondi

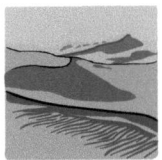

aavikko

desierto

tulivuori

volcan

linna

kasteel

sateenkaari

arco iris

sieni

paddenstoel

palmu

palma

hyttynen

sangura

kärpänen

musca

muurahainen

vruminga

mehiläinen

bij

hämähäkki

haraña

kovakuoriainen

tor

sammakko

dori

orava

eekhoorn

siili

porcospina

jänis

coneu

pöllö

shoco

lintu

parha

joutsen

zwaan

villisika

porco di mondi

peura

bina

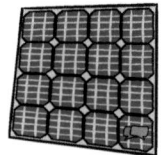

hirvi

eland

pato

dam

tuulimylly

molina di biento

aurinkopaneeli

panel solar

ilmasto

clima

maisema - paisahe

ravintola
restaurant

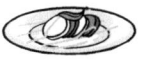

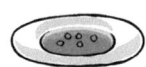

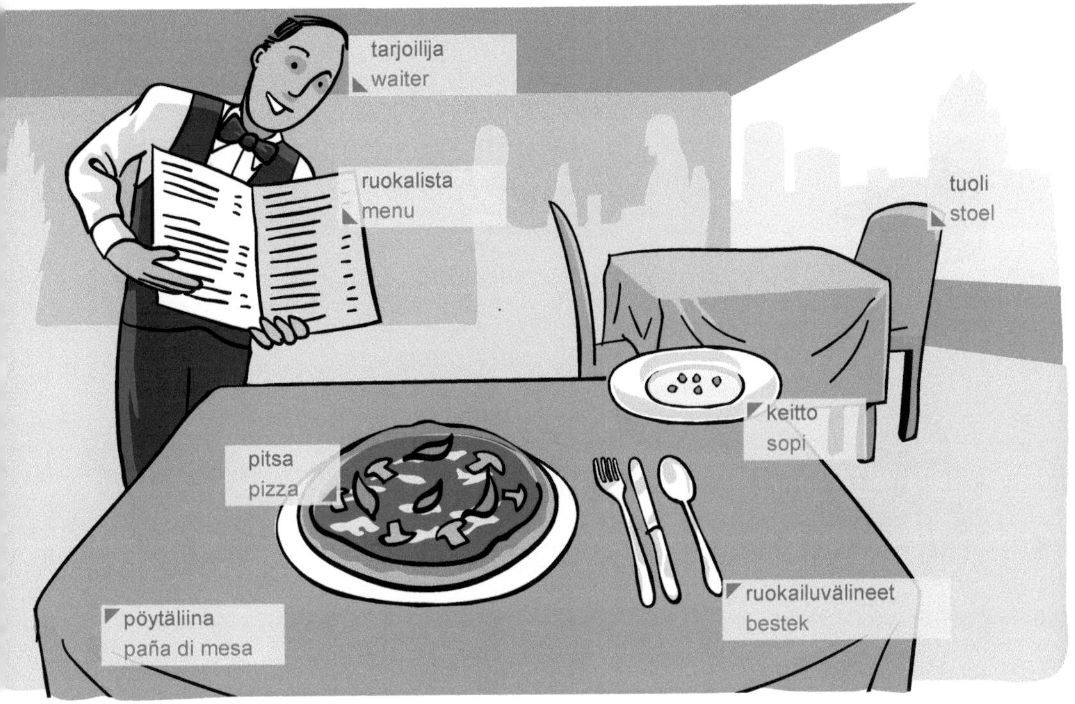
tarjoilija
waiter
ruokalista
menu
tuoli
stoel
keitto
sopi
pitsa
pizza
ruokailuvälineet
bestek
pöytäliina
paña di mesa

alkuruoka

aperitivo

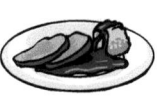

pääruoka

cuminda principal

jälkiruoka

dessert

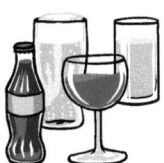

juomat

bebida

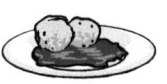

ruoka

cuminda

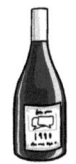

pullo

boter

pikaruoka

fastfood

katuruoka

streetfood

teekannu

canica di te

sokeriastia

pochi di sucu

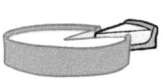

annos

porcion

espressokeitin

espressomachine

syöttötuoli

stoel di mucha

lasku

cuenta

tarjotin

hasechi

veitsi

cuchiu

haarukka

forki

lusikka

cuchara

teelusikka

telep

servietti

napkin

lasi

glas

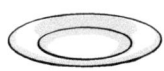

lautanen

tayo

syvä lautanen

tayo di sopi

aluslautanen

scoter

kastike

saus

suolasirotin

pochi di salo

pippurimylly

mulina di peper

etikka

binager

öljy

azeta

mausteet

specerij

ketsuppi

ketchup

sinappi

mosterd

majoneesi

mayonaise

supermarketti
supermarket

tarjous
oferta special
asiakas
cliente
maitotuotteet
producto lacteo
ostoskärryt
garoshi di compra
hedelmät
fruta
FOR

BUTCHERS

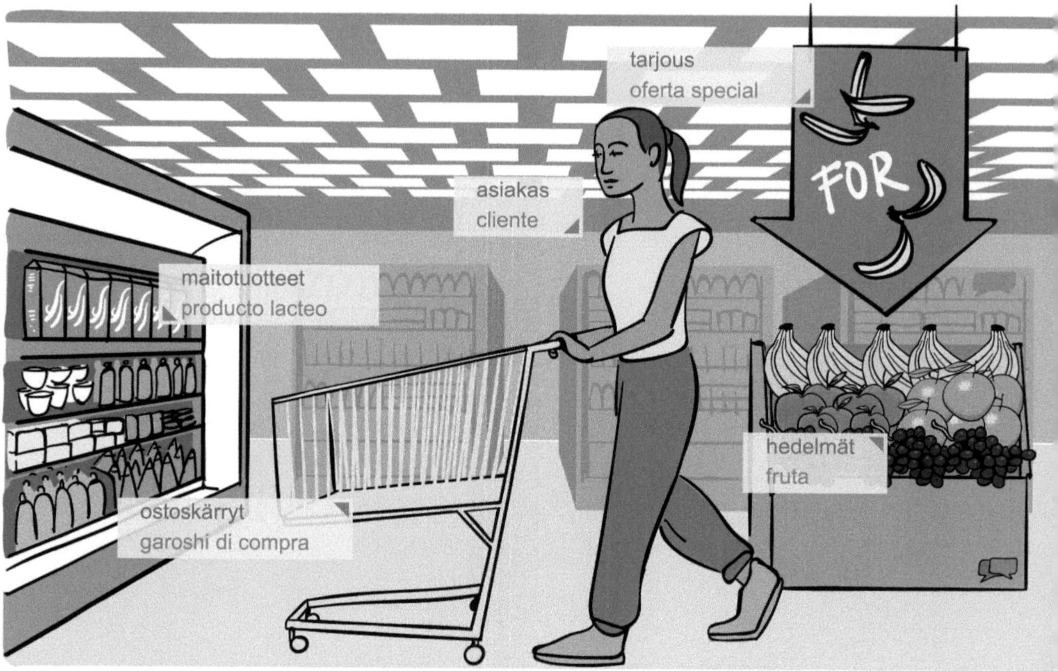

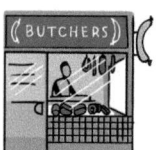

teurastamo

carniceria

BAKERY

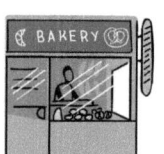

leipomo

panaderia

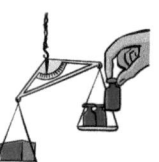

punnita

pisa

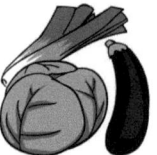

kasvikset

berdura

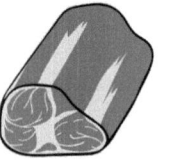

liha

carni

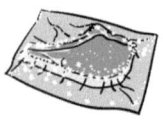

pakasteet

frozen food

leikkele

beleg di carni

säilykkeet

cuminda di bleki

pesujauhe

detergente na puiro

makeiset

mangel

kotitaloustarvikkeet

producto pa cas

puhdistusaineet

articulo di limpiesa

myyjä

bendedo

kassa

cahero

kassanhoitaja

cahero

ostoslista

lista di compra

aukioloajat

orario

lompakko

cartera

luottokortti

credit card

kassi

tas

muovipussi

saco di plastic

vesi

awa

mehu

juice

maito

lechi

kokis

cola

viini

biña

olut

cerbes

alkoholi

alcohol

kaakao

chocomel

tee

te

kahvi

koffie

espresso

espresso

cappuccino

cappuccino

banaani

bacoba

omena

appel

appelsiini

apelsina

meloni

milon

sitruuna

lamunchi

porkkana

wortel

valkosipuli

conoflok

bambu

bambu

sipuli

siboyo

sieni

mushroom

pähkinät

noot

spagetti

pasta

spagetti

spaghetti

riisi

aros

salaatti

salada

ranskalaiset

batata hasa

paistetut perunat

batata hasa

pitsa

pizza

hampurilainen

hamburger

voileipä

sandwich

leike

cutlet

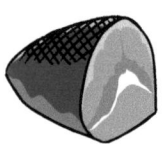

kinkku

ham

salami

salami

makkara

soseishi

kana

galiña

paisti

hasa

kala

pisca

kaurahiutaleet

papa

mysli

müsli

murot

cornflakes

jauho

hariña

voisarvi

croissant

sämpylä

pan rondo

leipä

pan

paahtoleipä

toast

keksit

cuki

voi

manteca

rahka

kwark

kakku

bolo

kananmuna

webo

paistettu kananmuna

webo hasa

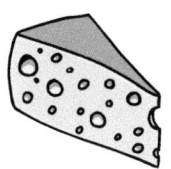

juusto

keshi

jäätelö

ijscream

sokeri

sucu

hunaja

honing

hillo

jam

suklaapähkinälevite

pasta di chuculati

curry

curry

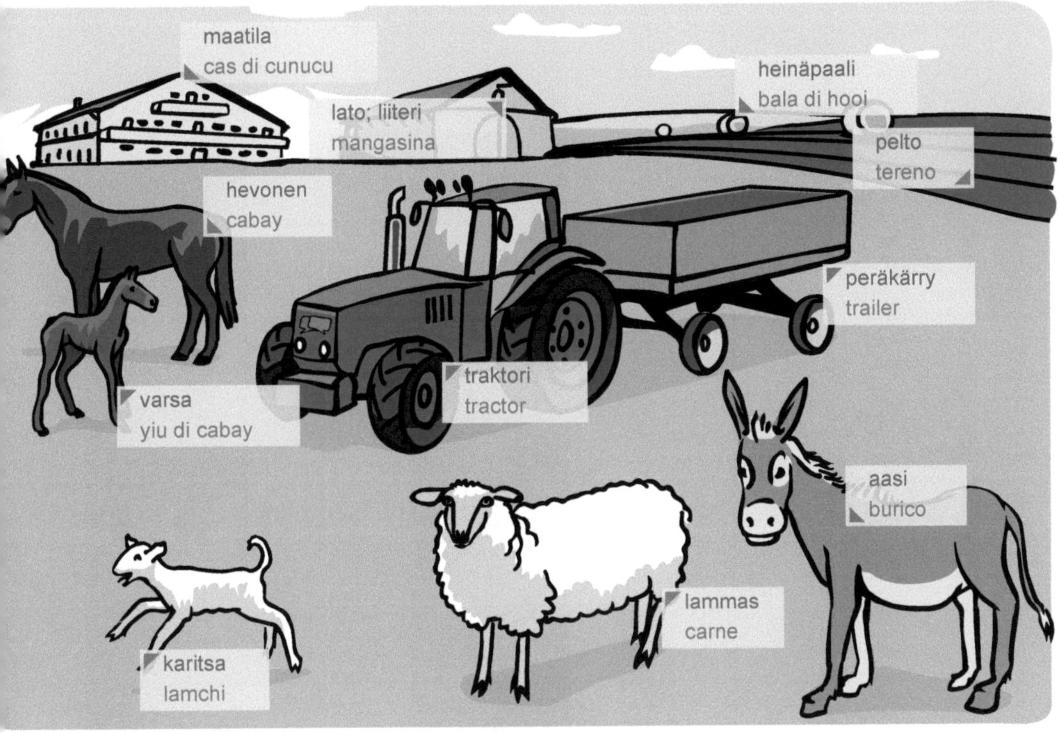

maatila
cas di cunucu

lato; liiteri
mangasina

heinäpaali
bala di hooi

pelto
tereno

hevonen
cabay

peräkärry
trailer

traktori
tractor

varsa
yiu di cabay

aasi
burico

karitsa
lamchi

lammas
carne

vuohi

cabrito

lehmä

baca

vasikka

bishe

sika

porco

porsas

yiu di porco

sonni

toro

hanhi

gans

ankka

pato

tipu

puyito

kana

galiña

kukko

gay

rotta

djaca

kissa

pushi

hiiri

raton

härkä

toro

koira

cacho

koirankoppi

cas di cacho

puutarhaletku

slang pa muha mata

kastelukannu

gieter

viikate

herment pa corta yerbe

aura

ploeg

sirppi

garabati

kuokka

chapi

talikko

forki pa coy hooi

kirves

hacha

kottikärryt

garetia

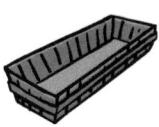

kaukalo

pesebre

maitokannu

canica di lechi

säkki

saco

aita

heki

talli

stal

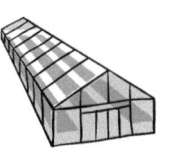

kasvihuone

greenhouse

maa

suela

siemen

simia

lannoite

mest

leikkuupuimuri

mashin di cosecha

kerätä sato

cosecha

sato

cosecha

jamssit

yams

vehnä

trigo

soija

soya

peruna

batata

maissi

maishi

rypsi

canola

hedelmäpuu

palo di fruta

maniokki

yuca

vilja

grano

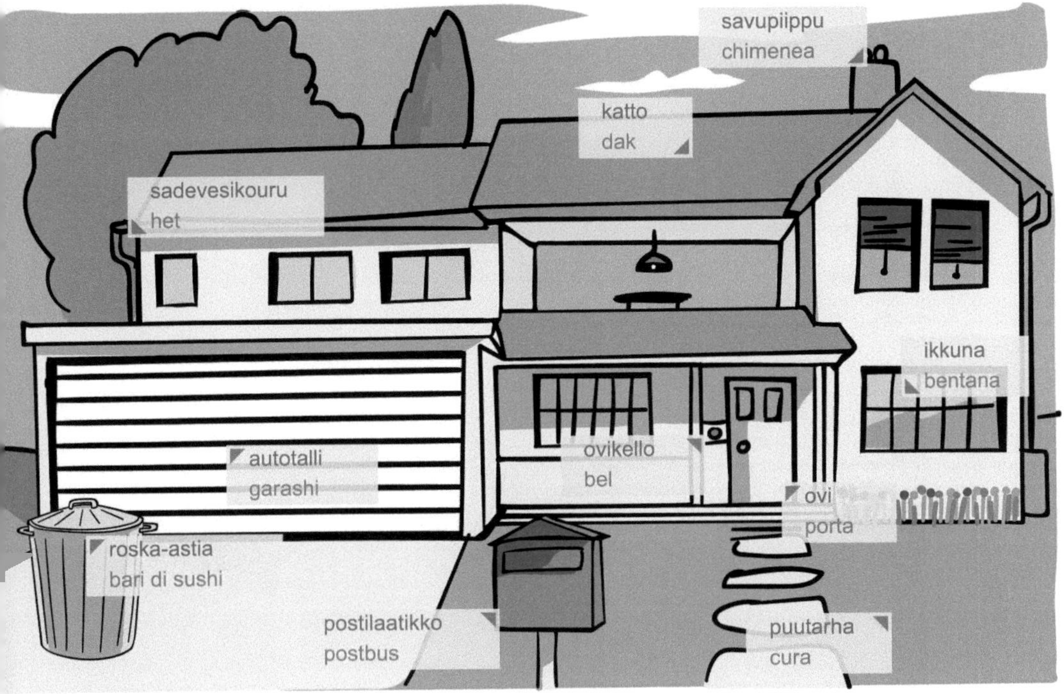

savupiippu
chimenea

katto
dak

sadevesikouru
het

ikkuna
bentana

autotalli
garashi

ovikello
bel

ovi
porta

roska-astia
bari di sushi

postilaatikko
postbus

puutarha
cura

olohuone
sala

kylpyhuone
baño

keittiö
cushina

makuuhuone
camber

lastenhuone
camber di mucha

ruokahuone
comedo

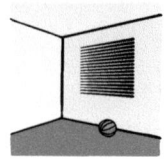

lattia
suela

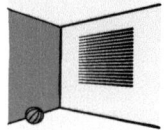

seinä
muraya

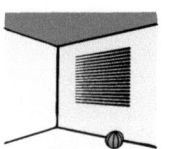

katto
blafon

kellari
bodega

sauna
sauna

parveke
balcon

terassi
terasa

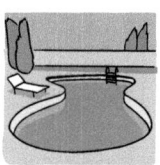

uima-allas
piscina

ruohonleikkuri
mashin di corta yerba

lakana
laken

päiväpeitto
bedsprei

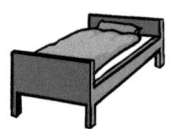

sänky
cama

harja
basora

ämpäri
hemchi

katkaisin
switch

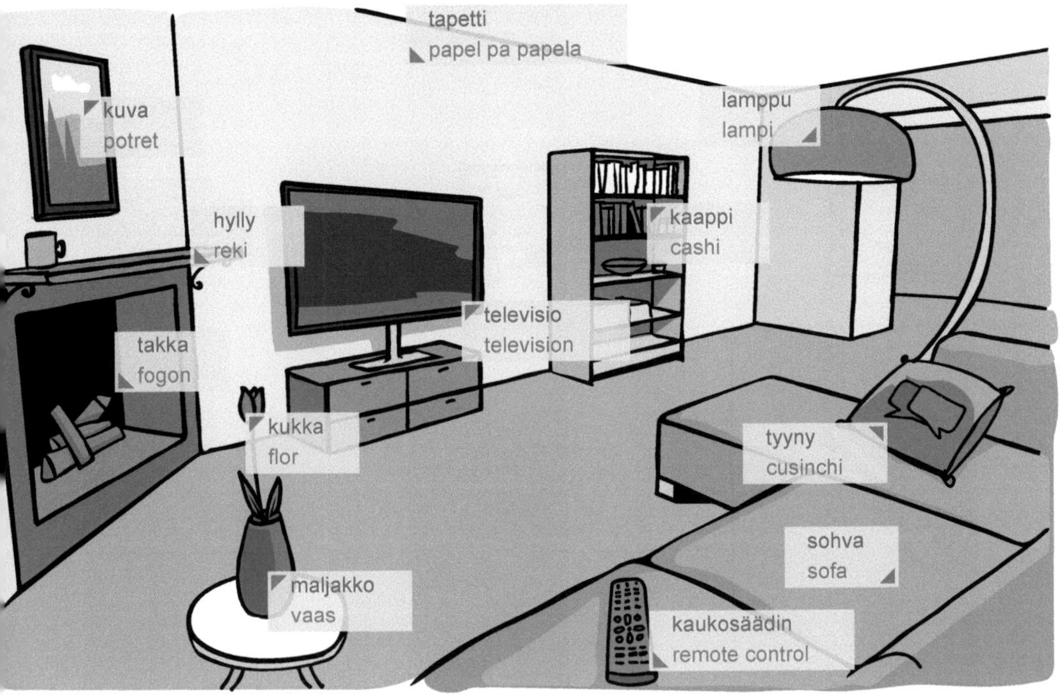

tapetti
papel pa papela

kuva
potret

lamppu
lampi

hylly
reki

kaappi
cashi

televisio
television

takka
fogon

kukka
flor

tyyny
cusinchi

sohva
sofa

maljakko
vaas

kaukosäädin
remote control

matto
tapijt

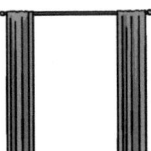

verho
cortina

pöytä
mesa

tuoli
stoel

keinutuoli
stoel di zoya

nojatuoli
stoel

kirja

buki

peitto

dekel

koriste

decoracion

polttopuut

palo pa kima

elokuva

film

stereot

stereoset

avain

yabi

sanomalehti

corant

maalaus

cuadra

juliste

poster

radio

radio

muistivihko

blocnote

pölynimuri

stofzuiger

kaktus

cadushi

kynttilä

bela

keittiö
cushina

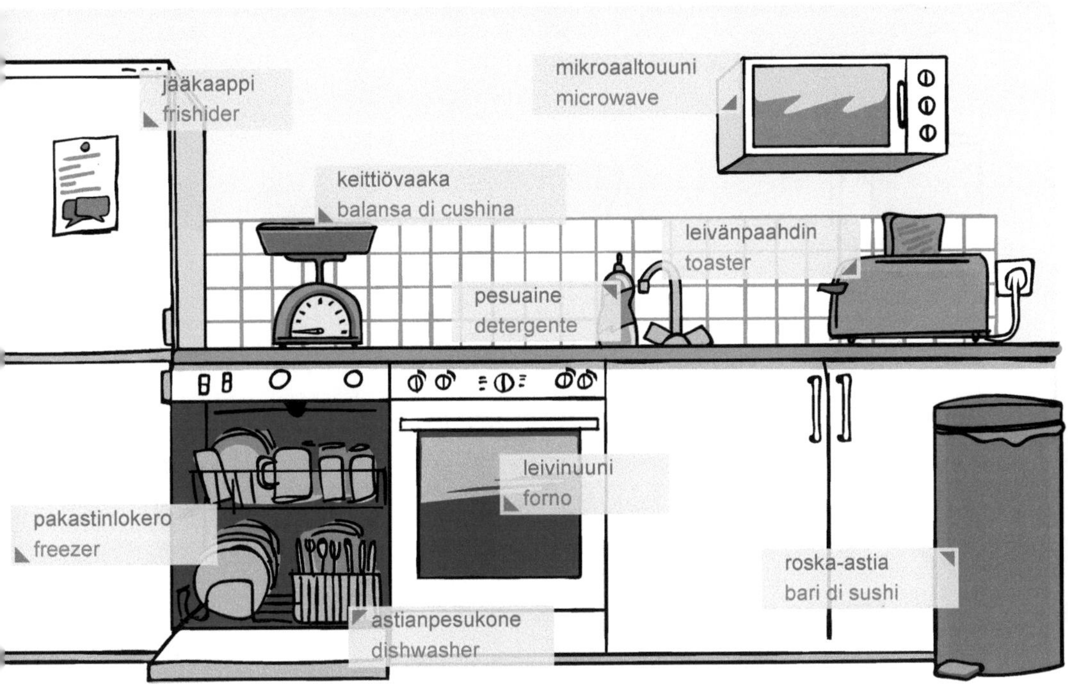
jääkaappi
frishider
mikroaaltouuni
microwave
keittiövaaka
balansa di cushina
leivänpaahdin
toaster
pesuaine
detergente
leivinuuni
forno
pakastinlokero
freezer
roska-astia
bari di sushi
astianpesukone
dishwasher

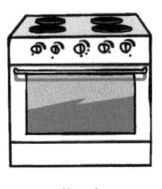

liesi

stoof

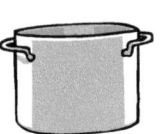

kattila

wea

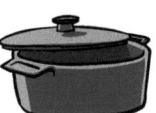

rautapata

wea di hero

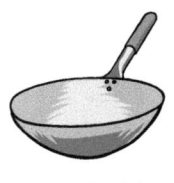

vokkipannu / kadai-pannu

wok

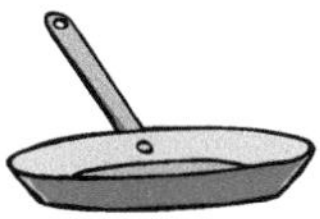

paistinpannu

planchi

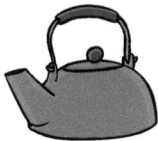

teepannu

ketel

höyrykeitin

steamer

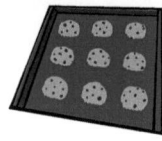

uunipelti

teblachi pa horna

astiat

servies

muki

beker

kulho

conchi

syömäpuikot

chopstick

kauha

cuchara di sopi

paistinlasta

spatula

vispilä

garde

siivilä

scurido

siivilä

colado

raastin

raspa

mortteli

fenso

grilli

barbecue

avotuli

candela

leikkuulauta

planki pa corta

kaulin

rostok

korkinavaaja

kurkentrek

purkki

bleki

purkinavaaja

cos di habri bleki

pannulappu

pannenlap

lavuaari

wasbak

tiskiharja

skeiro

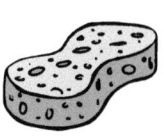

pesusieni

spons

tehosekoitin

blender

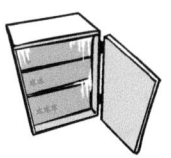

pakastin

freezer

tuttipullo

tetero

vesihana

cranchi

kylpyhuone
baño

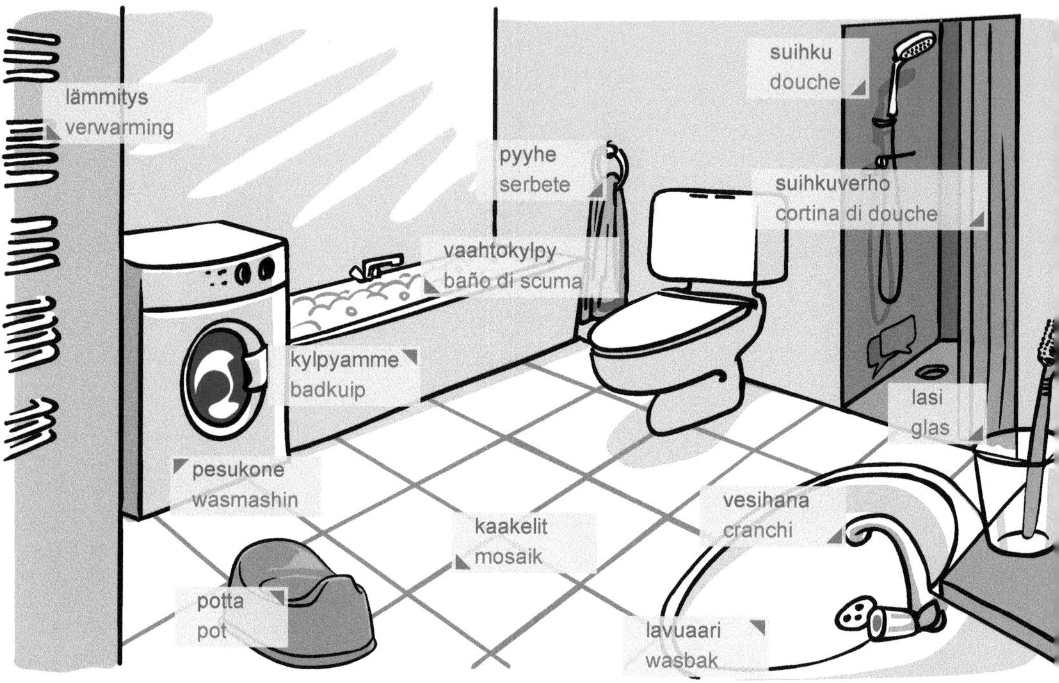
lämmitys
verwarming
suihku
douche
pyyhe
serbete
suihkuverho
cortina di douche
vaahtokylpy
baño di scuma
kylpyamme
badkuip
lasi
glas
pesukone
wasmashin
vesihana
cranchi
kaakelit
mosaik
potta
pot
lavuaari
wasbak

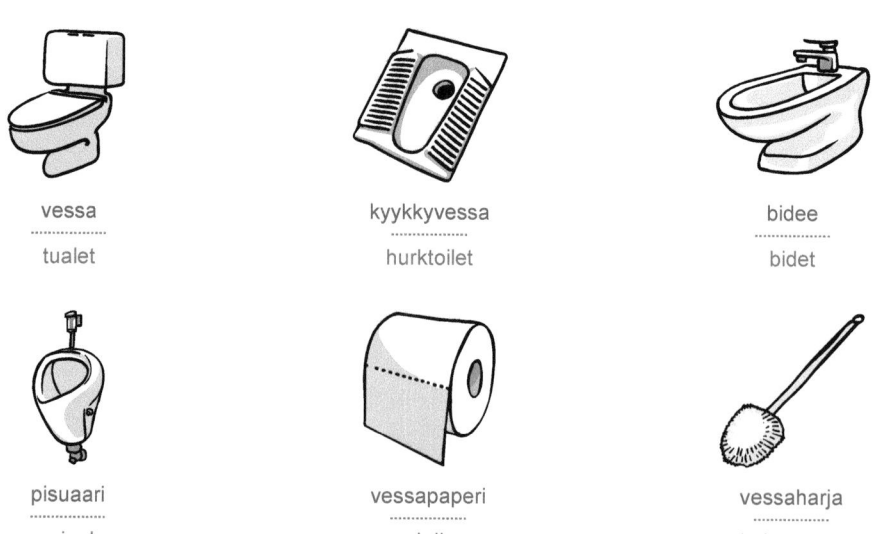

vessa

tualet

kyykkyvessa

hurktoilet

bidee

bidet

pisuaari

urinal

vessapaperi

papel di w.c.

vessaharja

skeiro di w.c.

hammasharja

skeiro di djente

hammastahna

pasta di djente

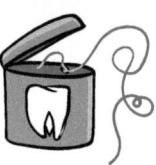

hammaslanka

dental floss

pestä

laba

käsisuihku

douche di man

intiimisuihku

bidet

pesuvati

tobo

selkäharja

skeiro

saippua

habon

suihkugeeli

shower gel

shampoo

shampoo

pesulappu

washandje

viemäri

drain

voide

crema

deodorantti

desodorante

peili

spiel

käsipeili

spiel di man

partaveitsi

blet

partavaahto

shaving foam

partavesi

aftershave

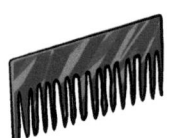

kampa

peña

harja

skeiro

hiustenkuivaaja

blower

hiuslakka

spray pa cabey

meikki

makeup

huulipuna

lipstick

kynsilakka

cos di pinta huña

pumpuli

catuna

kynsisakset

sker pa corta huña

hajuvesi

perfume

kosmetiikkalaukku
tas

jakkara
kruk

vaaka
balansa

kylpytakki
bata

kumihansikkaat
handschoen

tamponi
tampon

terveysside
kotex

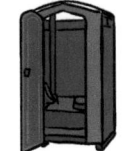

kemiallinen wc
wc kimico

lastenhuone
camber di mucha

herätyskello
wekker
pehmolelu
peluche
leikkiauto
auto di hunga
helistin
maraca
nukkekoti
cas di popchi
lahja
regalo

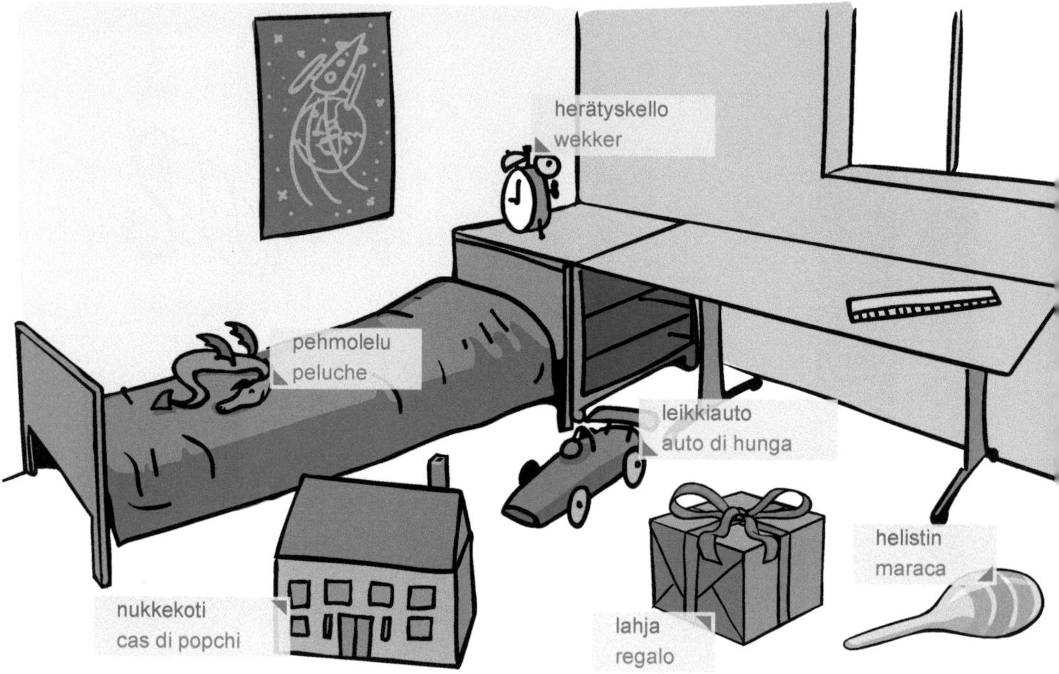

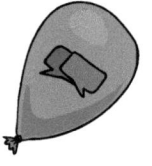

ilmapallo

blaas

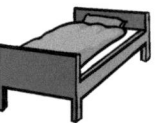

sänky

cama

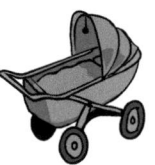

lastenvaunut

stroller

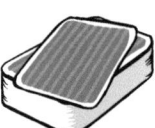

korttipeli

baraha di carta

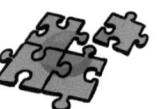

palapeli

puzzel

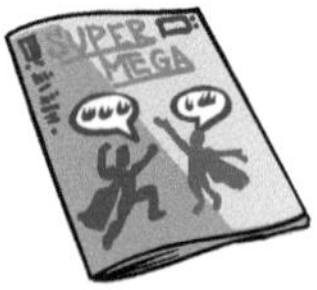

sarjakuva

comic

legopalikat

lego

rakennuspalikat

bloki di hunga

supersankari

figura di accion

potkupuku

romper

frisbee

frisbee

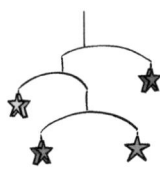

mobile

mobil

lautapeli

wega di mesa

noppa

dou

pienoisjunarata

set di trein

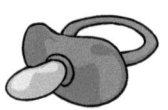

tutti

chupon

juhlat

fiesta

kuvakirja

buki di prenchi

pallo

bala

nukke

popchi

leikkiä

hunga

hiekkalaatikko

zandbak

keinu

zoya

lelut

cos di hunga

pelikonsoli

videogame

kolmipyörä

tricycle

nalle

beer

vaatekaappi

cashi di paña

vaatteet

paña

sukat

mea

nylonsukat

mea

sukkahousut

pantyhose

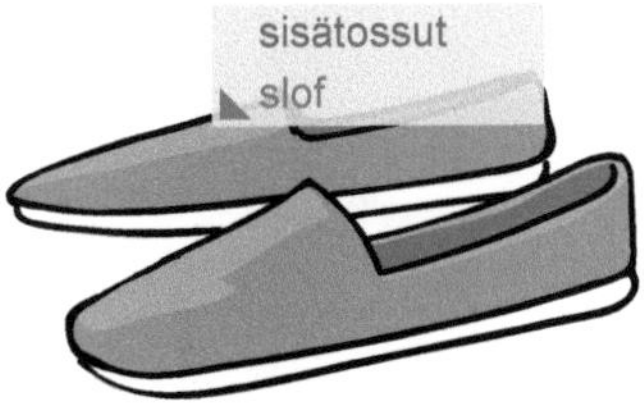

kaulaliina
sjaal

sateenvarjo
paraplu

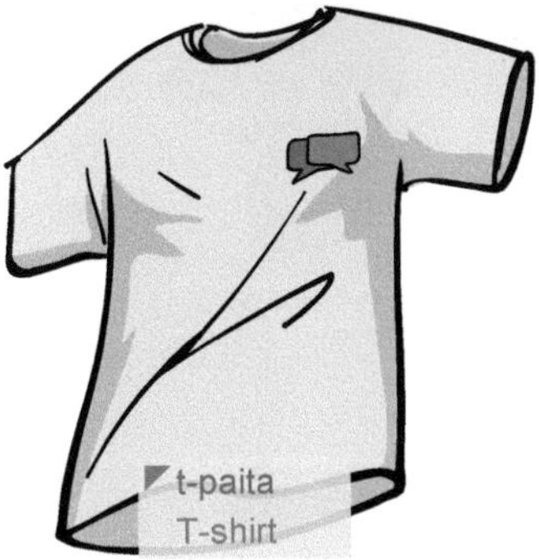

t-paita
T-shirt

vyö
faha

saappaat
boots

sisätossut
slof

lenkkarit
keds

sandaalit

sandalia

kengät

sapato

kumisaappaat

laars di rubber

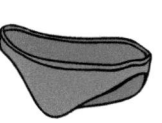

alushousut

carsonsio

rintaliivit

bh

aluspaita

flanel

body
body

housut
carson

farkut
jeans

hame
saya

pusero
blusa

paita
camisa

villapaita
sweater

collegepaita
sweater

jakku
blazer

takki
jacket

takki
jas

sadetakki
regenjas

puku
flus

mekko
shimis

hääpuku
shimis di bruid

puku
flus

yöpaita
yapon

pyjama
pidjama

shari
sari

päähuivi
lenso di cabes

turbaani
turban

burka
burqa

kaftaani
kaftan

abaya
abaya

uimapuku
zwempak

uimahousut
zwembroek

shortsit
carson cortico

verkkarit
trainingspak

esiliina
lantera

käsineet
handschoen

nappi

boton

silmälasit

bril

rannekoru

armband

kaulakoru

cadena

sormus

renchi

korvakoru

renchi di horea

lippalakki

pechi

ripustin

kapstok

hattu

sombre

solmio

dashi

vetoketju

ziper

kypärä

helm

henkselit

guiel

koulupuku

uniform di scol

univormu

uniform

ruokalappu

babado

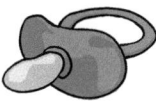

tutti

chupon

vaippa

bruki

toimisto
oficina

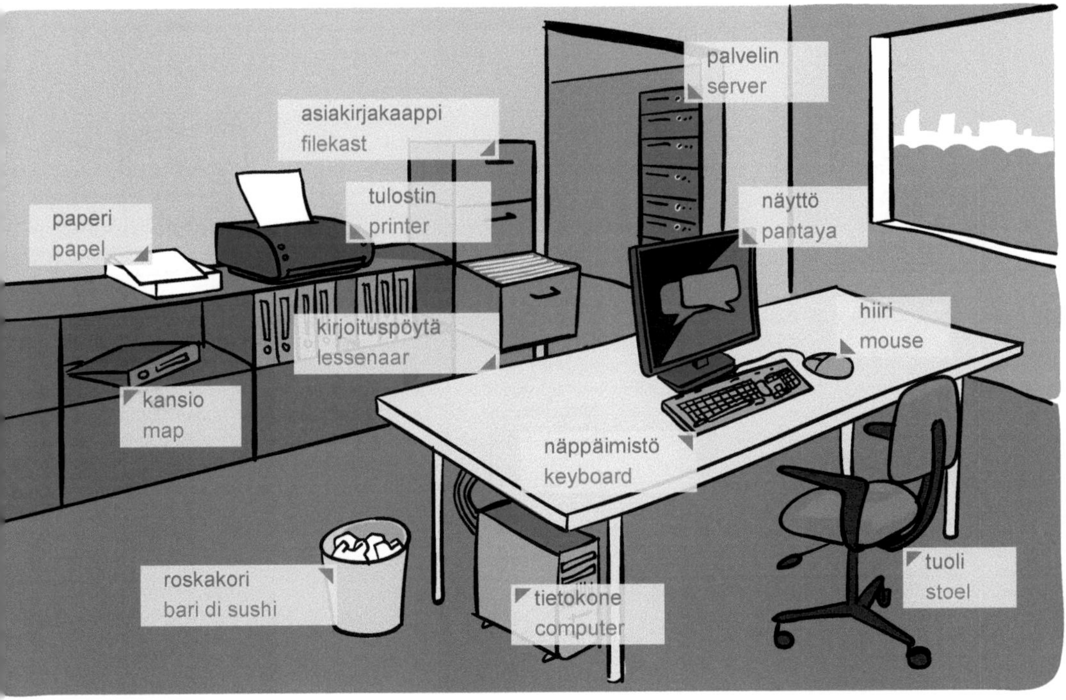

palvelin
server

asiakirjakaappi
filekast

tulostin
printer

näyttö
pantaya

paperi
papel

hiiri
mouse

kirjoituspöytä
lessenaar

kansio
map

näppäimistö
keyboard

roskakori
bari di sushi

tietokone
computer

tuoli
stoel

kahvimuki

copi pa bebe koffie

taskulaskin

calculator

internet

internet

kannettava tietokone

laptop

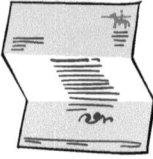

kirje

carta

viesti

mensahe

kännykkä

celular

verkko

red

kopiokone

mashin di copia

ohjelmisto

software

puhelin

telefon

pistorasia

stopcontact

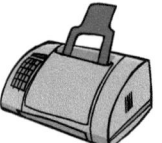

faksi

fax mashin

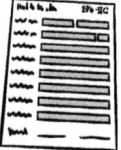

lomake

formulario

asiakirja

documento

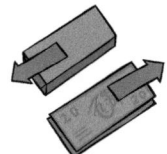

ostaa

cumpra

maksaa

paga

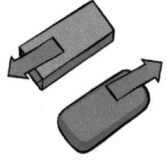

vaihtaa

negosha

raha

placa

dollari

dollar

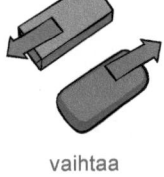

euro

euro

jeni

yen

rupla

roebel

frangi

frank suiso

renminbi juan

yuan renminbi

rupia

roepi

pankkiautomaatti

bancomatico

rahanvaihto

oficina di cambio

kulta

oro

hopea

plata

öljy

azeta

energia

energia

hinta

prijs

sopimus

contract

vero

impuesto

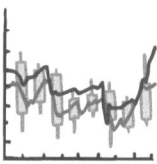

osake

share

työskennellä

traha

työntekijä

empleado

työnantaja

dunado di trabou

tehdas

fabrica

liike

tienda

ammatit

ofishi / profesion

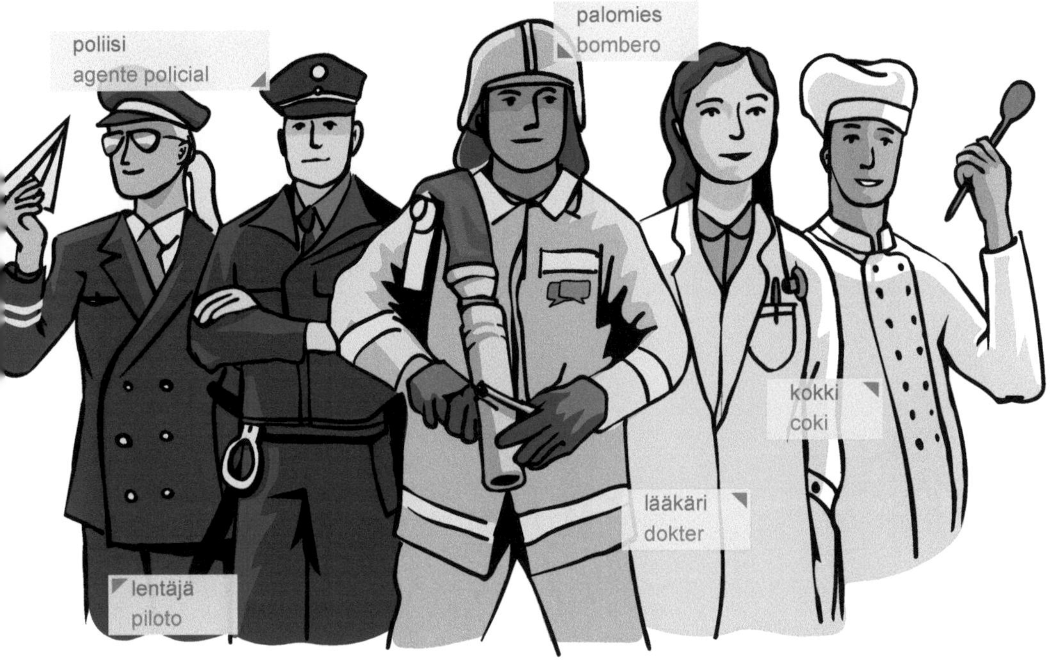

poliisi
agente policial
palomies
bombero
kokki
coki
lääkäri
dokter
lentäjä
piloto

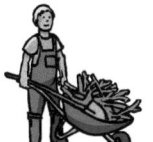

puutarhuri

hardinero

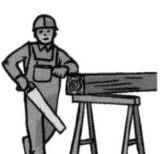

puuseppä

carpinte

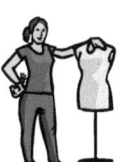

ompelija

cosedo

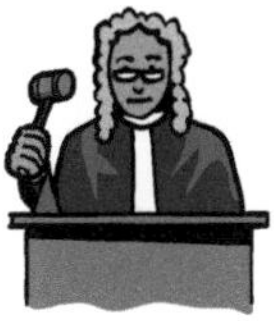

tuomari

hues

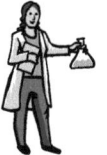

kemisti

kimico

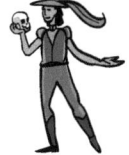

näyttelijä

actor

linja-autonkuljettaja

chauffeur di bus

taksinkuljettaja

chauffeur di taxi

kalastaja

piscado

siivooja

hende cu ta haci cas limpi

katontekijä

drechado di dak

tarjoilija

waiter

metsästäjä

jaagdo

maalari

verfdo

leipuri

panadero

sähköasentaja

electricista

rakentaja

trahado den construccion

insinööri

ingeniero

teurastaja

carnicero

putkiasentaja

loodgieter

postinjakaja

partido di carta

sotilas

solda

arkkitehti

arkitecto

kassanhoitaja

cahero

floristi

florista

kampaaja

pelukero / pelukera

konduktööri

controlado di ticket

mekaanikko

mecanico

kapteeni

capitan

hammaslääkäri

dentista

tiedemies

cientifico

rabbi

rabbi

imaami

imam

munkki

monk

pappi

pastor

työkalut
herment

vasara
martiu
pihdit
pins
ruuvimeisseli
schroefdraai
jakoavain
wrench
taskulamppu
flashlight

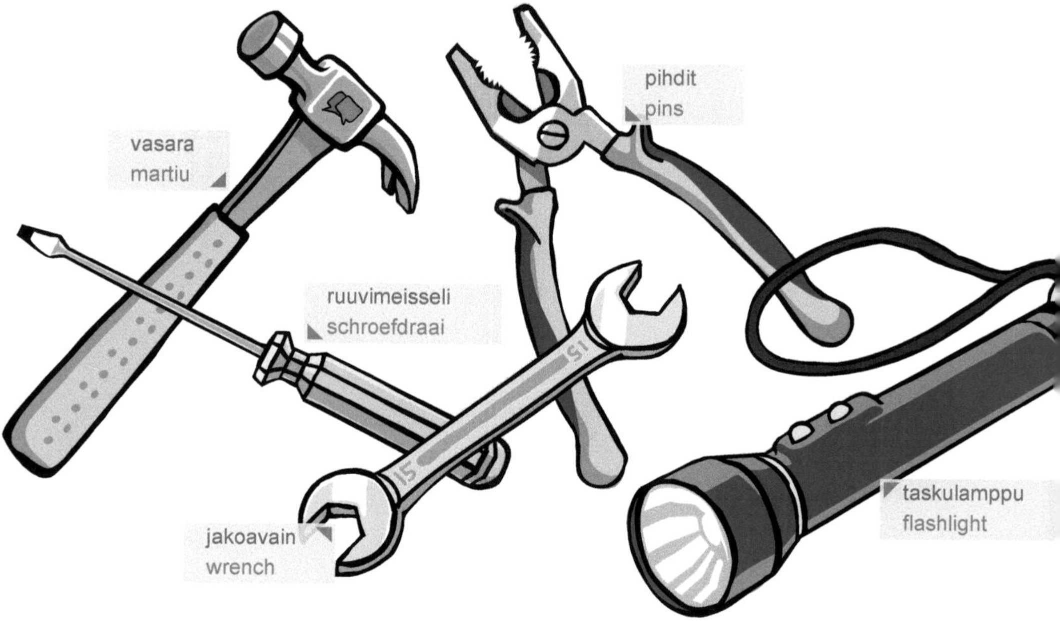

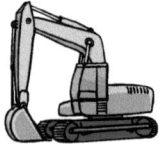

kaivinkone

bulldozer

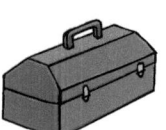

työkalupakki

caha di herment

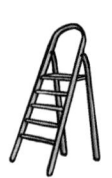

tikkaat

trapi

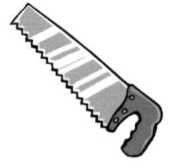

saha

zaag

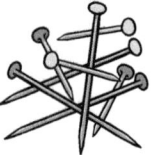

naulat

clabo

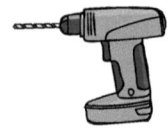

pora

boormashin

korjata
drecha

lapio
shobel

Hitto!
caraho!

rikkalapio
scop

maalipurkki
bleki di verf

ruuvit
schroef

soittimet
instrumento musical

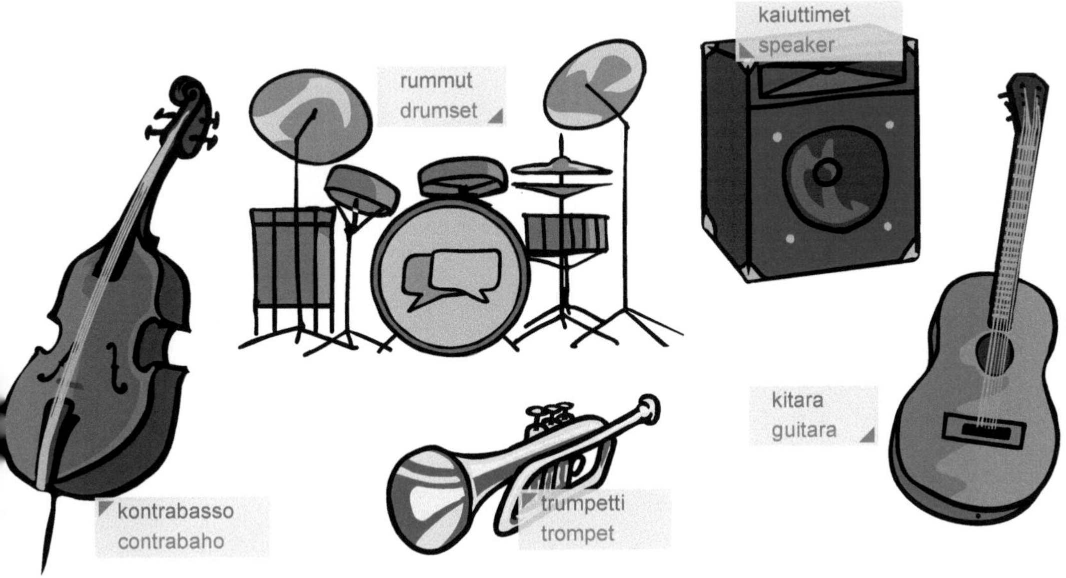

kaiuttimet
speaker

rummut
drumset

kitara
guitara

kontrabasso
contrabaho

trumpetti
trompet

piano
piano

viulu
fio

basso
baho

patarummut
timbal

rumpu
tambu

kosketinsoitin
keyboard

saksofoni
saxofon

huilu
fluit

mikrofoni
microfon

soittimet - instrumento musical

eläintarha

parke di bestia

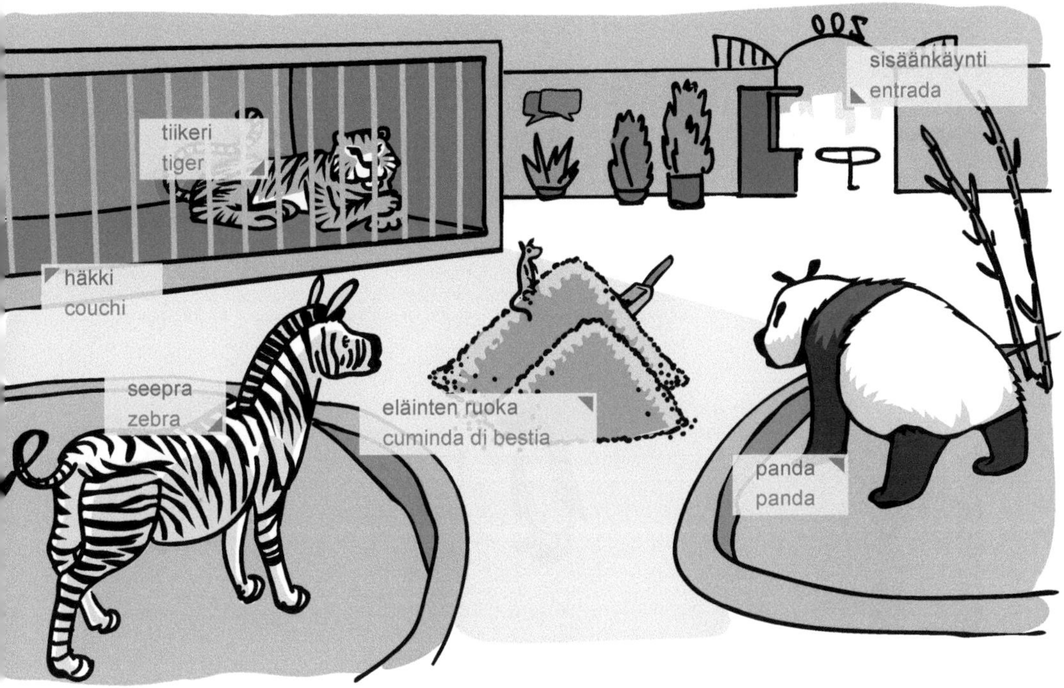

zoo
sisäänkäynti
entrada
tiikeri
tiger
häkki
couchi
seepra
zebra
eläinten ruoka
cuminda di bestia
panda
panda

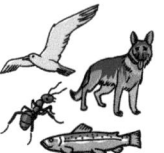

eläimet

animal

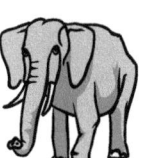

norsu

olifante

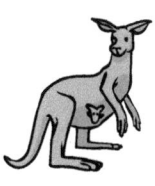

kenguru

cangaru

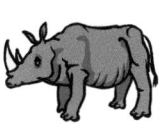

sarvikuono

neushoorn

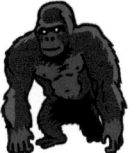

gorilla

gorila

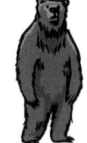

karhu

beer

kameli

camel

strutsi

avestruz

leijona

leon

apina

macaco

flamingo

flamingo

papukaija

lora

jääkarhu

beer polar

pingviini

pinguin

hai

tribon

riikinkukko

pauwies

käärme

colebra

krokotiili

caiman

eläintarhanhoitaja

cuidado di bestia

hylje

cacho di awa

jaguaari

jaguar

poni
pony

leopardi
leopardo

virtahepo
hipopotamo

kirahvi
giraf

kotka
aguila

villisika
porco di mondi

kala
pisca

kilpikonna
turtuga

mursu
walrus

kettu
vos

gaselli
gazelle

amerikkalainen jalkapallo
futbol Americano

pyöräily
ciclismo

tennis
tennis

koripallo
basketball

uinti
landamento

jääkiekko
ice hockey

nyrkkeily
boxeo

jalkapallo
futbol

sulkapallo
badminton

yleisurheilu
atletismo

käsipallo
handbal

hiihto
ski

poolo
polo

aktiviteetit
actividad

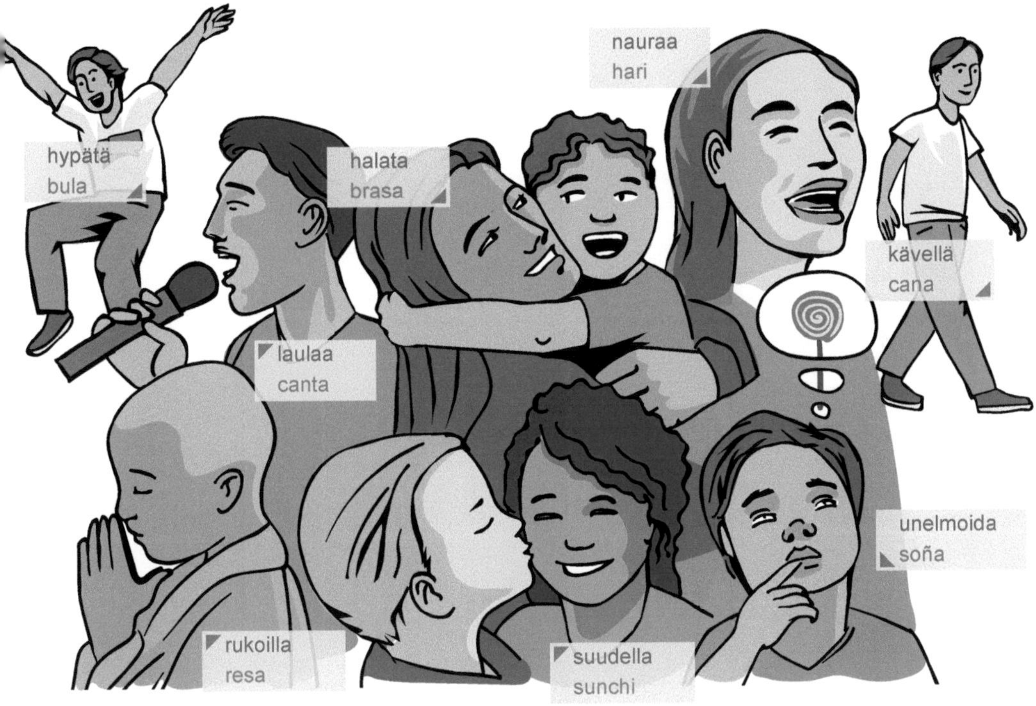
hypätä
bula
halata
brasa
nauraa
hari
kävellä
cana
laulaa
canta
unelmoida
soña
rukoilla
resa
suudella
sunchi

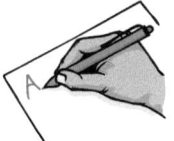

kirjoittaa
skirbi

piirtää
pinta

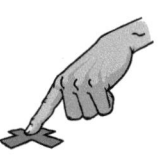

näyttää
mustra

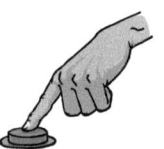

painaa
primi

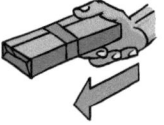

antaa
duna

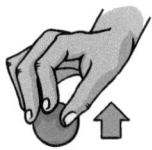

ottaa
coy

omistaa

tin

tehdä

haci

olla

ta

seisoa

para

juosta

core

vetää

ranca

heittää

tira

kaatua

cay

maata

drumi

odottaa

warda

kantaa

carga

istua

sinta

pukeutua

bisti

nukkua

drumi

herätä

lanta fo'i soño

aktiviteetit - actividad

katsoa

mira

itkeä

yora

silittää

caricia

kammata

peña

puhua

papia

ymmärtää

compronde

kysyä

puntra

kuunnella

scucha

juoda

bebe

syödä

come

siivota

ruim op

rakastaa

stima

keittää

cushna

ajaa

bai

lentää

bula

purjehtia

zeilo

laskea

conta

lukea

lesa

oppia

siña

työskennellä

traha

mennä naimisiin

casa

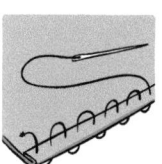

ommella

cose

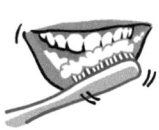

pestä hampaat

skeiro djente

tappaa

mata

tupakoida

huma

lähettää

manda

perhe
famia

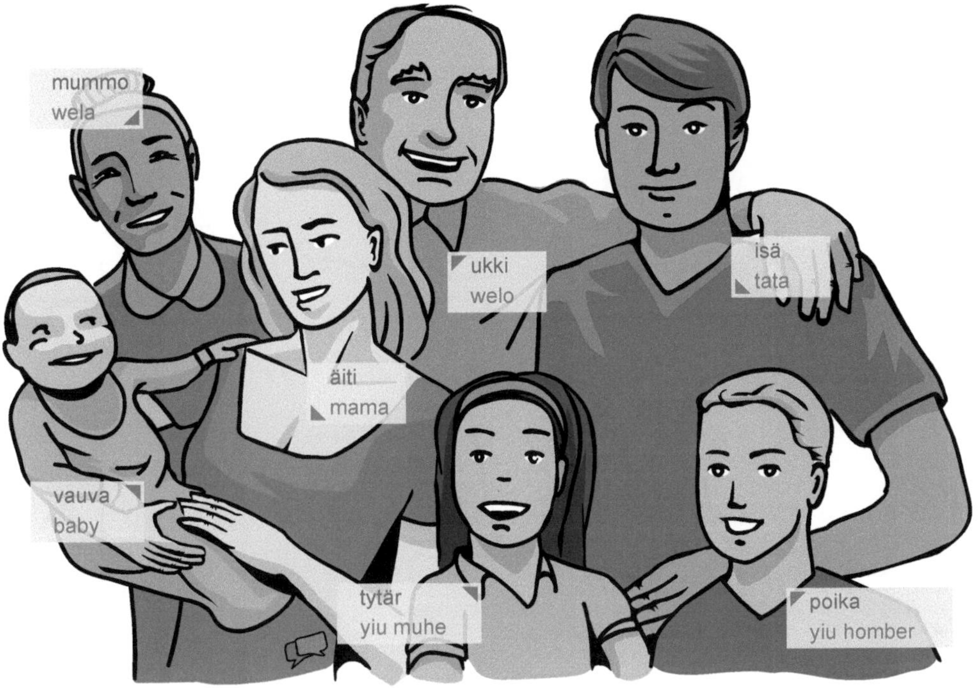
mummo
wela
ukki
welo
isä
tata
äiti
mama
vauva
baby
tytär
yiu muhe
poika
yiu homber

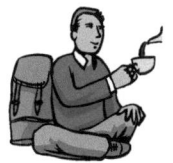

vieras
huesped

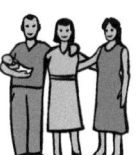

täti
tanta

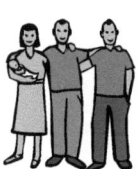

setä
omo

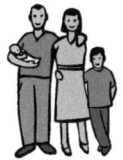

veli
ruman homber

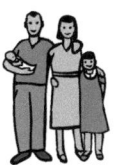

sisko
ruman muhe

vartalo

curpa

otsa
frenta
silmä
wowo
olkapää
schouder
sormet
dede
kasvot
cara
leuka
cachete
käsi
man
jalka
pia
rinta
pecho
käsivarsi
brasa

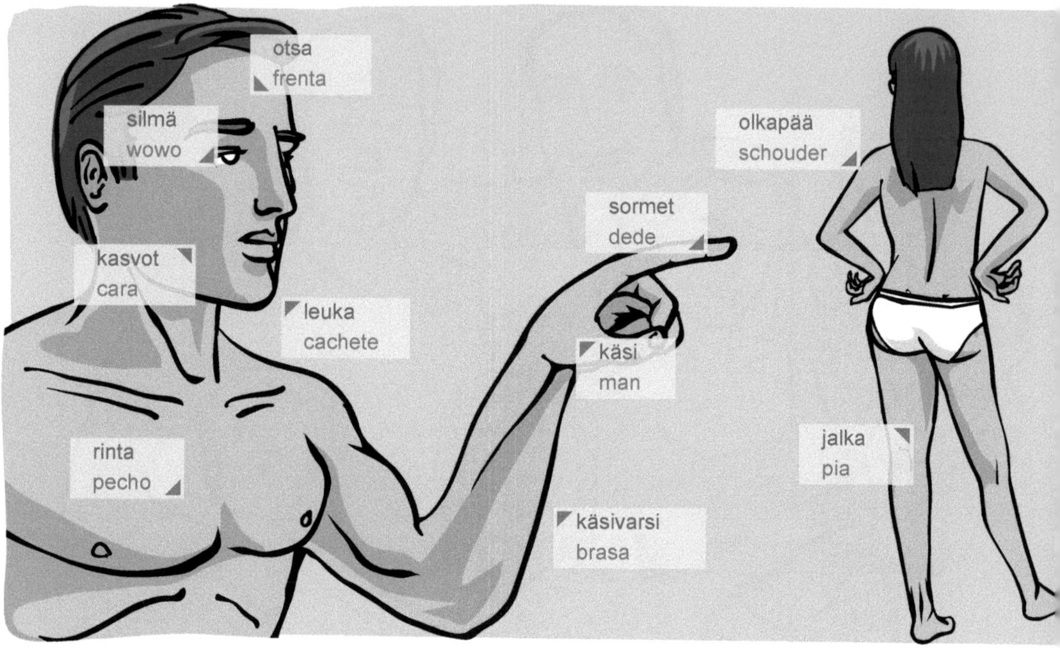

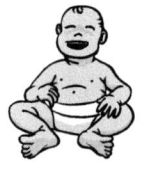

vauva

baby

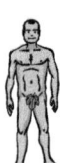

mies

homber

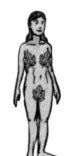

nainen

muhe

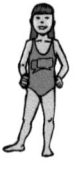

tyttö

mucha muhe

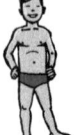

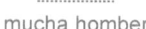

poika

mucha homber

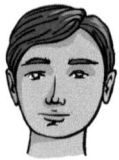

pää

cabes

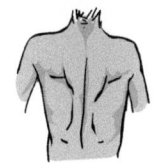

selkä

lomba

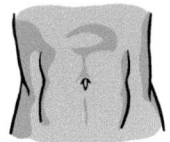

maha

bariga

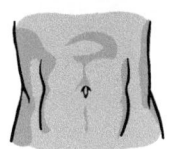

napa

lombrishi

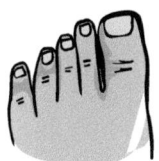

varvas

dede di pia

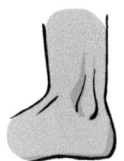

kantapää

hilchi

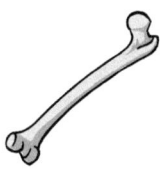

luu

weso

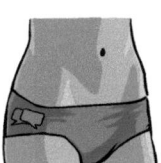

lantio

heup

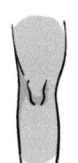

polvi

rudia

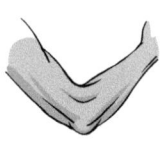

kyynärpää

elleboog

nenä

nanishi

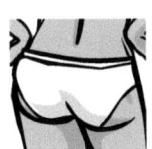

takapuoli

chanchan

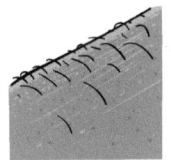

iho

cuero

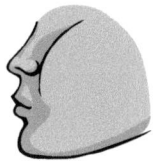

poski

wang

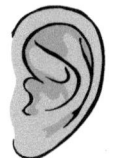

korva

horea

huuli

lip

vartalo - curpa

suu
boca

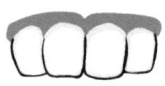

hammas
djente

kieli
lenga

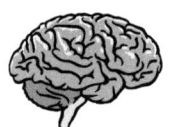

aivot
celebro

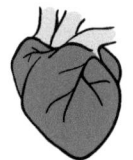

sydän
curason

lihas
musculo

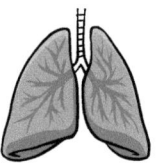

keuhkot
pulmon

maksa
higra

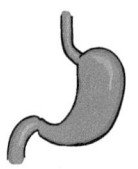

vatsa
stoma

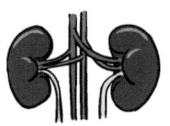

munuaiset
nier

seksi
sex

kondomi
condon

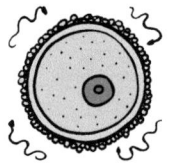

munasolu
ovulo

sperma
sperma

raskaus
embaraso

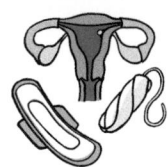

kuukautiset

menstruacion

vagina

vagina

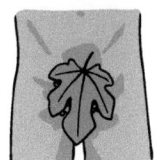

penis

penis

kulmakarvat

wenkbrauw

hiukset

cabey

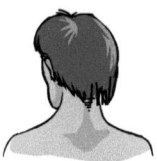

niska

nek

sairaala
hospital

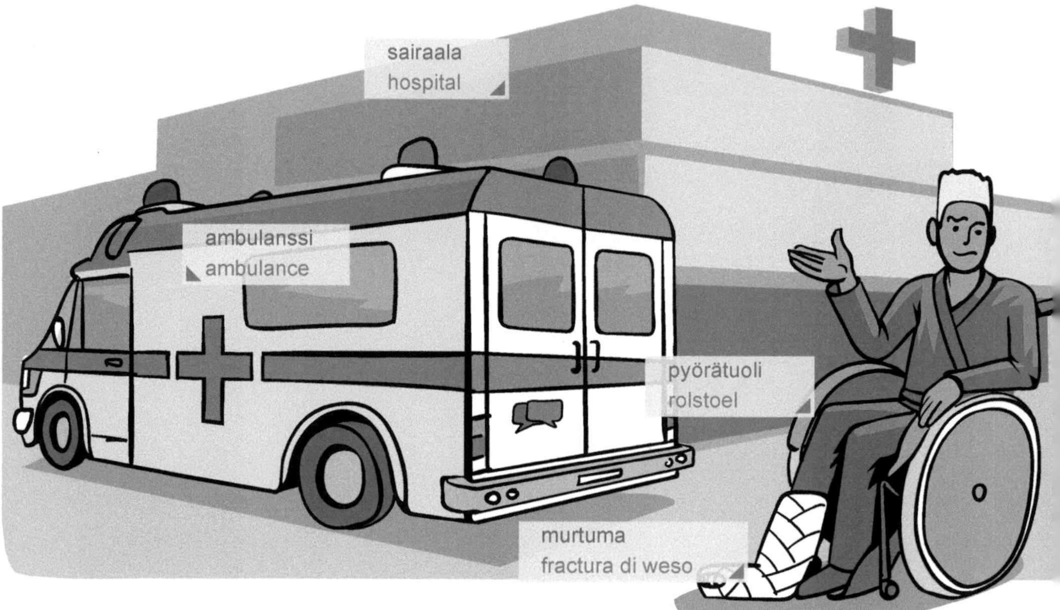

sairaala
hospital
ambulanssi
ambulance
pyörätuoli
rolstoel
murtuma
fractura di weso

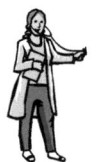

lääkäri

dokter

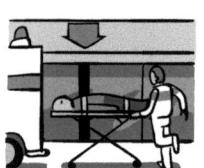

ensiapu

EHBO (prome asistencia/eerste hulp)

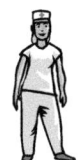

sairaanhoitaja

nurse

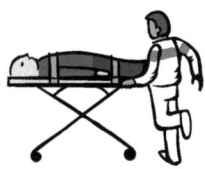

hätätilanne

caso di emergencia

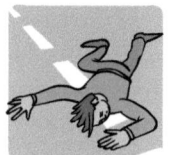

tajuton

fo'i tino

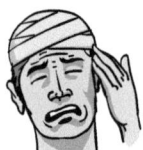

kipu

dolor

vamma

lesion

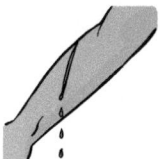

verenvuoto

sangramento

sydänkohtaus

ataca di curason

aivoinfarkti

ataca celebral

allergia

alergia

yskä

tosa

kuume

keintura

flunssa

griep

ripuli

diarea

päänsärky

dolor di cabes

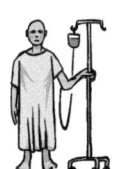

syöpä

cancer

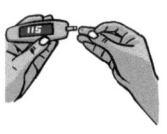

diabetes

diabetes

kirurgi

ciruhano

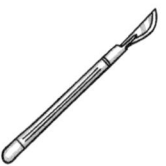

veitsi

scalpel

leikkaus

operacion

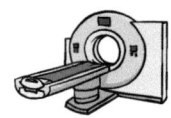

ct
CT

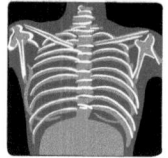

röntgen
x-ray

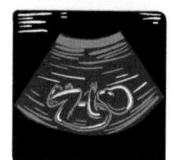

ultraääni
echo

maski
masker contra stof

sairaus
malesa

odotushuone
sala di espera

sauva
kruk

laastari
pleister

side
verband

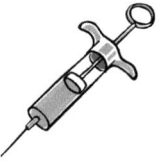

pistos
inyeccion

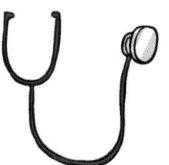

stetoskooppi
stetoscop

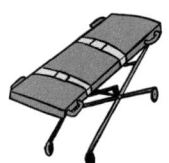

paarit
brancard

kuumemittari
thermometer

syntymä
nacemento

ylipaino
sobrepeso

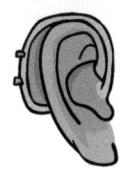

kuulolaite

aparato pa oido

desinfiointiaine

desinfectante

infektio

infeccion

virus

virus

HIV / AIDS

HIV / AIDS

lääke

remedi

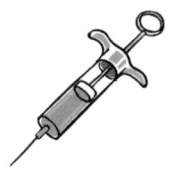

rokotus

vacuna

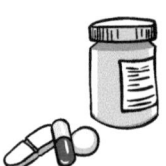

tabletit

pilder

pilleri

pilder

hätäpuhelu

yamada di emergencia

verenpainemittari

aparato pa midi presion

sairas / terve

malo / saludabel

Apua!

auxilio!

hälytys

alarma

ryöstö

atraco

hyökkäys

atake

vaara

peliger

hätäuloskäynti

salida di emergencia

Tulipalo!

candela

palosammutin

brandspuit

onnettomuus

desgracia

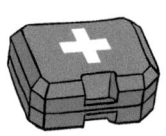

ensiapulaukku

caha di prome asistencia

SOS

SOS

poliisilaitos

polis

Eurooppa

Europa

Pohjois-Amerikka

Noord America

Etelä-Amerikka

Sur America

Afrikka

Africa

Aasia

Asia

Australia

Australia

Atlantin valtameri

Oceano Atlantico

Tyynimeri

Oceano Pacifico

Intian valtameri

Oceano Indio

Eteläinen jäämeri

Oceano Antartico

Pohjoinen jäämeri

Oceano Artico

pohjoisnapa

Noordpool

etelänapa

Zuidpool

Antarktis

Antartica

maa

mundo

maa

tera

meri

lama

saari

isla

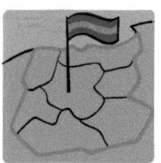

kansa

nacion

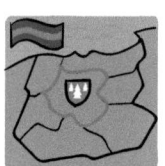

osavaltio

estado

kellotaulu

holoshi analog

tuntiviisari

wijzer chikito

minuuttiviisari

wijzer grandi

sekuntiviisari

wijzer di seconde

Paljonko kello on?

Cuant'or tin?

päivä

dia

aika

tempo

nyt

awor

digitaalikello

holoshi digital

minuutti

minuut

tunti

ora

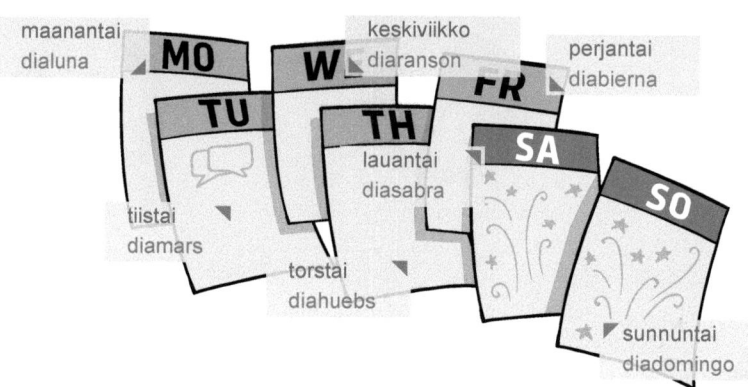

maanantai
dialuna — MO

keskiviikko
diaranson — W

perjantai
diabierna — FR

tiistai
diamars — TU

torstai
diahuebs — TH

lauantai
diasabra — SA

sunnuntai
diadomingo — SO

eilen
ayera

tänään
awe

huomenna
mañan

aamu
mainta

keskipäivä
merdia

ilta
anochi

MO	TU	WE	TH	FR	SA	SU
1	2	3	4	5	6	7
8	9	10	11	12	13	14
15	16	17	18	19	20	21
22	23	24	25	26	27	28
29	30	31	1	2	3	4

työpäivät
dia di trabou

MO	TU	WE	TH	FR	SA	SU
1	2	3	4	5	6	7
8	9	10	11	12	13	14
15	16	17	18	19	20	21
22	23	24	25	26	27	28
29	30	31	1	2	3	4

viikonloppu
weekend

vuosi

aña

sade
awacero
sateenkaari
arco iris
tuuli
biento
lumi
sneeuw
kevät
lente
kesä
zomer
syksy
herfst
talvi
winter

4.APRIL 11°
5.APRIL 4°
6.APRIL 13°
7.APRIL 8°
8.APRIL 10°

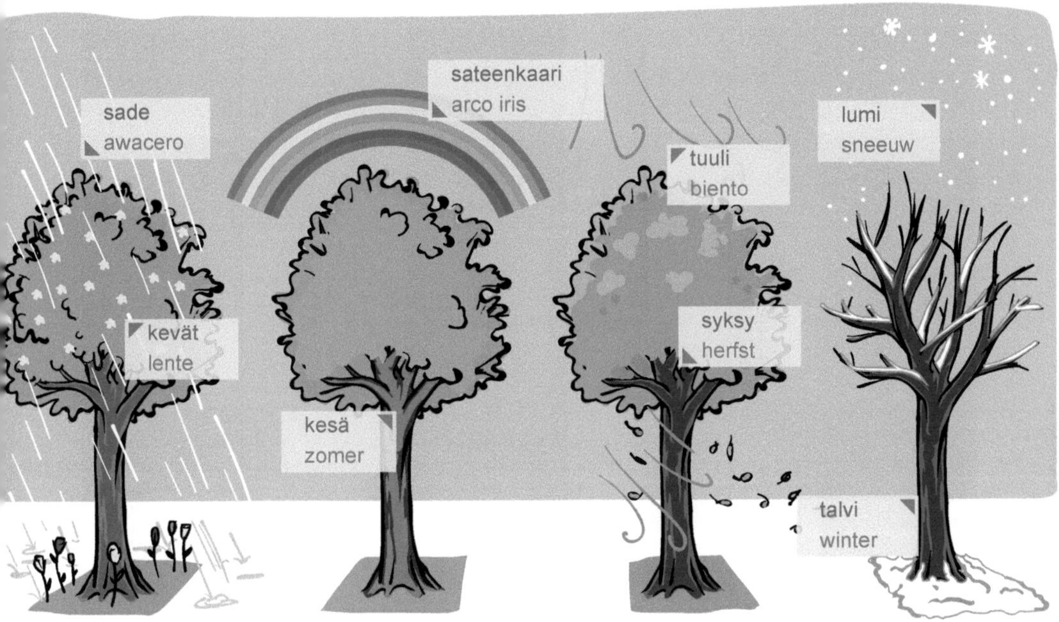

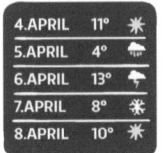

sääennuste

pronostico di tempo

F C
120 90 60 30 0 -30
40 30 20 10 0 -10 -20

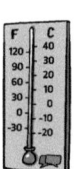

lämpömittari

thermometer

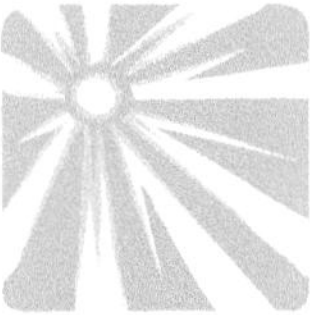

auringonpaiste

solo ta briya

pilvi

nubia

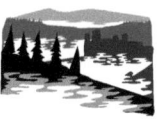

sumu

neblina

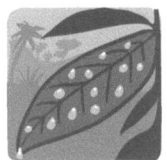

ilmankosteus

humedad

salama

lamper

ukkonen

strena

myrsky

mal tempo

rae

hagel

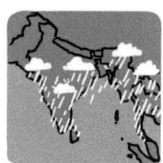

monsuuni

mal tempo

tulva

inundacion

jää

ijs

tammikuu

januari

helmikuu

februari

maaliskuu

maart

huhtikuu

april

toukokuu

mei

kesäkuu

juni

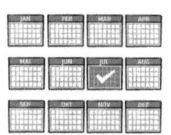

heinäkuu

juli

elokuu

augustus

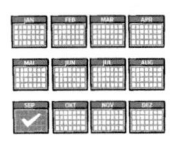

syyskuu
....
september

lokakuu
....
october

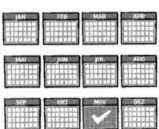

marraskuu
....
november

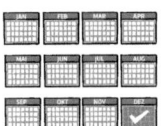

joulukuu
....
december

muodot
forma

ympyrä
....
circulo

neliö
....
cuadra

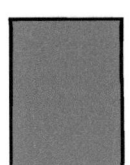

suorakulmio
....
rectangulo

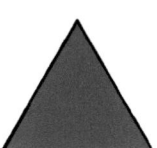

kolmio
....
triangulo

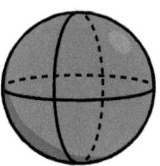

pallo
....
bol

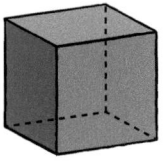

kuutio
....
kubus

valkoinen

blanco

keltainen

geel

oranssi

oraño

vaaleanpunainen

ros

punainen

cora

violetti

biña

sininen

blauw

vihreä

berde

ruskea

bruin

harmaa

shinishi

musta

preto

paljon / vähän
....
hopi / tiki

vihainen / ystävällinen
....
rabia / trankil

kaunis / ruma
....
bunita / mahos

alku / loppu
....
comienso / final

suuri / pieni
....
grandi / chikito

vaalea / tumma
....
cla / scur

veli / sisko
....
ruman homber / ruman
muhe

puhdas / likainen
....
limpi / sushi

täydellinen / epätäydellinen
....
completo / incompleto

päivä / yö
....
dia / anochi

kuollut / elävä
....
morto / bibo

leveä / kapea
....
hancho / smal

syötävä / syömäkelvoton

comibel / incomibel

paha / kiltti

mal hende / bon hende

innostunut / tylsistynyt

ansioso / ferfela bo mes

lihava / laiha

gordo / flaco

ensimmäinen / viimeinen

prome / ultimo

ystävä / vihollinen

amigo / enemigo

täysi / tyhjä

yen / bashi

kova / pehmeä

duro / moli

painava / kevyt

pisa / lihe

nälkä / jano

hamber / sed

sairas / terve

malo / saludabel

laiton / laillinen

ilegal / legal

älykäs / tyhmä

inteligente / sabi

vasen / oikea

robes / drechi

lähellä / kaukana

cerca / leu

uusi / käytetty

nobo / uza

ei mitään / jotain

nada / algo

vanha / nuori

bieu / jong

päällä / pois päältä

cendi / paga

auki / kiinni

habri / cera

hiljainen / äänekäs

keto / duro

rikas / köyhä

rico / pober

oikein / väärin

bon / fout

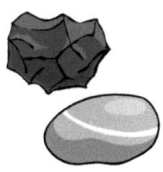

karhea / sileä

grof / liso

surullinen / iloinen

tristo / contento

lyhyt / pitkä

cortico / largo

hidas / nopea

pocopoco / lihe

märkä / kuiva

muha / seco

lämmin / viileä

cayente / friu

sota / rauha

guera / paz

0	**1**	**2**
nolla	yksi	kaksi
cero	un	dos

3	**4**	**5**
kolme	neljä	viisi
tres	cuater	cinco

6	**7**	**8**
kuusi	seitsemän	kahdeksan
seis	shete	ocho

9	**10**	**11**
yhdeksän	kymmenen	yksitoista
nuebe	dies	diesun

12

kaksitoista

diesdos

13

kolmetoista

diestres

14

neljätoista

diescuatro

15

viisitoista

diescinco

16

kuusitoista

diesseis

17

seitsemäntoista

diesshete

18

kahdeksantoista

diesocho

19

yhdeksäntoista

diesnuebe

20

kaksikymmentä

binti

100

sata

shen

1.000

tuhat

mil

1.000.000

miljoona

miyon

englanti

Ingles

amerikanenglanti

Ingles Mericano

mandariinikiina

Chines Mandarin

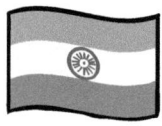

hindi

Hindi

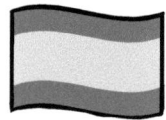

espanja

Spaño

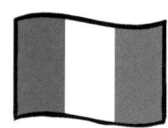

ranska

Frances

arabia

Arabe

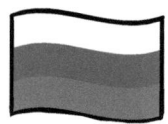

venäjä

Ruso

portugali

Portugues

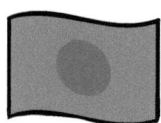

bengali

Bengal

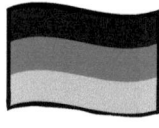

saksa

Aleman

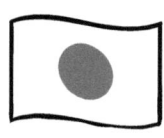

japani

Hapones

minä

ami

sinä

abo

hän

e

me

nos

te

boso

he

nan

kuka?

ken?

mitä / mikä?

kico?

miten?

con?

missä?

unda?

milloin?

ki ora?

nimi

nomber

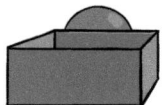

takana

patras

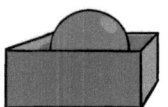

sisällä

den

edessä

dilanti di

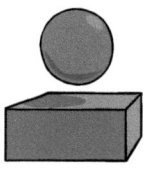

yläpuolella

ariba

päällä

riba

alapuolella

bou di

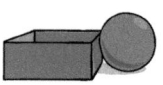

vieressä

banda di

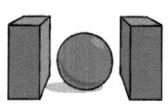

välissä

entre

paikka

luga